JN344782

빛깔 곱고 뜻깊은 우리 전통 색 이야기
오방색이 뭐예요?

오방색이 뭐예요?

초판 1쇄 2014년 10월 24일 | 초판 6쇄 2022년 1월 3일

글 임어진 | **그림** 신민재 | **책임 편집** 정혜원 | **마케팅** 강백산, 강지연 | **디자인** Studio Marzan 김성미
펴낸이 이재일 | **펴낸곳** 토토북 04034 서울시 마포구 양화로 11길 18, 3층(서교동, 원오빌딩)
전화 02-332-6255 팩스 02-332-6286 홈페이지 www.totobook.com   전자우편 totobooks@hanmail.net
출판등록 2002년 5월 30일 제10-2394호

ISBN 978-89-6496-216-9 73900

ⓒ 임어진 신민재, 2014
이 책은 저작권법에 의해 보호를 받는 저작물이므로 무단 전재 및 무단 복제를 금합니다.
잘못된 책은 바꾸어 드립니다.

제품명: 오방색이 뭐예요? | **제조자명:** 토토북 | **제조국명:** 대한민국 | **전화:** 02-332-6255
주소: 서울시 마포구 양화로11길 18, 3층(서교동, 원오빌딩) | **제조일:** 2022년 1월 3일 | **사용연령:** 8세 이상
* KC 인증 유형: 공급자 적합성 확인
* KC마크는 이 제품이 공통안전기준에 적합하였음을 의미합니다.

⚠ **주의** 책의 모서리에 다치지 않게 주의하세요.

빛깔 곱고 뜻깊은 우리 전통 색 이야기

오방색이 뭐예요?

임어진 글 ● 신민재 그림
문은배 (《한국의 전통색》 저자) 감수·추천

추천의 말

한 권으로 만나는 우리 전통 빛깔 이야기

한국의 전통 색을 처음 만나게 되면 모두 한자로 이루어진 낱말에 생소한 말들이 많아서 당황하게 됩니다. 그래서 항상 "어떻게 하면 전통 색을 좀 더 쉽고 바르게 알수 있을까?"를 고민해 왔습니다. 그러나 이 책이 나오면서 우리의 색을 쉽고 바르게 이해할 수 있는 기회가 됐다고 생각합니다.

특히 오방정색의 근원이 되는 음양의 원리에서 오방정색이 만들어지는 과정과 결과로 나타난 각각 오방정색이 갖는 의미와 그 쓰임새를 너무 정확하고 자연스럽게 풀고 있습니다. 기본적인 사상적 원리에서 생활 속의 오방색에 이르기까지 모든 과정을 하나의 이야기를 읽으며 모두 이해할 수 있습니다. 색채뿐 아니라 우리 선조들의 지혜와 철학적이고 과학적인 사고와 생활의 지혜를 모두 빠짐없이 기록하고 있습니다. 우리 선조의 생활 속에 있는 과학적이고 논리적이며 때론 종교적인 믿음까지 들어 있는 역사 속 우리의 오방정색을 배우는 좋은 책이라고 생각합니다. 그 색이 현대의 오늘날에 어떤 모습으로 보이는지도 잘 관찰하면 더욱 좋을 것 같습니다.

2014년 10월

문은배

작가의 말

오방색에 담긴 조상의 지혜를 배워요

'좌청룡 우백호'라는 말은 왜 생겼을까요? 떡국이나 국수에는 왜 고명을 얹어서 먹을까요? 오방색을 알고 나면 그 답을 찾을 수 있어요. 또 지혜로운 옛사람들이 살아온 방식으로 우리도 현재를 살고 있다는 걸 깨달을 거예요. 굳이 따로 배우고 익히지 않아도 우리 몸과 마음이 자연스레 받아들이는 문화. 오방색은 바로 그런 문화입니다.

저마다 좋아하는 색깔이 있을 거라 생각합니다. 어떤 색을 좋아하든 이 세상은 그 한 가지 색으로만 채워질 수 없지요. 다른 여러 색들이 함께 어우러져 세상을 완성합니다.

《오방색이 뭐예요?》는 그런 이야기를 더 살갑고 재미있게 담아내고 싶어서 썼습니다. 고운 빛깔들이 그렇듯 우리도 저마다 고유한 개성과 아름다움을 지녔다는 것도 이야기하고 싶었어요. 서로 존중하고 함께하는 그 소중한 마음을 우리 환하게 꽃피워 볼까요?

2014년 10월
임어진

일러두기
우리의 전통색으로 불리는 '오방색'의 정확한 이름은 '오방정색'입니다.
독자들의 생활 경험을 토대로 쉬운 이해를 돕고자 이 책에서는 '오방정색'이라는 정식 이름 대신,
두루 쓰이는 '오방색'이라는 용어로 표기하였습니다.

차례

1장. 색깔에 뜻이 있다고? — 8
2장. 동쪽에는 나무의 색, 파랑 — 20
3장. 남쪽에는 불의 색, 빨강 — 32
4장. 중앙에는 땅의 색, 노랑 — 42
5장. 서쪽에는 쇠의 색, 하양 — 50
6장. 북쪽에는 물의 색, 검정 — 60
7장. 다섯 색깔이 서로서로 — 70

🦋 신기하고 재미있는 색깔 이야기 — 80

8

1장. 색깔에 뜻이 있다고?

며칠 뒤면 초롱이가 세상에서 가장 좋아하는 봄이 돌잔치 날이야. 봄이는 초롱이의 사촌! 작은아빠네 아기지. 오늘도 작은엄마는 아침부터 엄마한테 전화해 이것저것 물어보기 바빴어. 초롱이 동생 하늘이도 마찬가지야.
"엄마! 맛있는 거 많이 한대?"
하늘이는 그게 가장 궁금한가 봐.
"그저 대강 하면 될 걸, 뭘 그렇게 유별나게……."
아빠도 옆에서 괜히 한마디 했지.
엄마 생각은 달랐어.
"아기가 태어나 한 해를 보내는 게 얼마나 중요한데요. 자주 아프기도 하고, 먹을 게 귀하던 때는 잘 자라지도 못했다고요. 요즘이야 사정이 나아졌지만 그래도 아기 때는 힘든 고비가 많잖아요. 그러니 애썼다고, 앞으로도 잘 자라라고 빌어 주는 돌잔치를 정성을 다해 잘 치러야지, 왜 대강 해요?"
"말인즉슨 그렇다는 거지요. 귀할수록 더 개똥이 쇠똥이처럼 덤덤하게 키우라는 말도 있잖소."
"당신도 참. 그나저나 초롱이, 하늘이 돌잔치 때는 어떻게 했더라? 어째 기억이 잘 안 나네?"
그 말에 하늘이가 불쑥 끼어들었어.
"어? 엄마! 내 앨범을 보면 되잖아."
하늘이는 얼른 제 어릴 적 사진이 담겨 있는 사진첩을 들고 왔어. 그러고는 돌잔치 사진이 꽂힌 면을 펼쳐 보였지.
"어머! 그래. 우리 하늘이가 이때는 정말 귀여웠지."
엄마가 무심코 한 말에 하늘이가 입을 쑥 내밀었어.
"치, 그럼 지금은 안 귀엽고?"
"어이구. 아니, 우리 아들 귀엽다. 귀여워. 호호."
그때 잠자코 사진을 보던 초롱이가 고개를 갸웃하며 물었어.
"엄마! 돌이면 아기 첫 생일이잖아. 그런데 왜 케이크가 없어? 떡만 잔뜩 있고? 이 실뭉치는 뭐야?"
아닌 게 아니라 사진 속 돌잔치 상에는 케이크 대신 떡이랑 이상한 실뭉당이 같은 것들이 잔뜩 놓여 있었어.
"정말! 왜 내 생일날인데 케이크 안 해 줬어? 이런 답답한 옷이나 입혀 놓고."

사진 속 하늘이는 입고 있는 색동 한복이 불편한지 자꾸 벗으려고 떼를 쓰는 모습이었어. 아빠가 껄껄거리며 말했어.

"하하하! 이 녀석들아. 이 떡이 케이크보다 훨씬 더 귀하고 뜻있는 음식이지. 그리고 돌날 주인공이라 멋지게 차려 입힌 건데, 엉뚱하게 불평이야?"

"돌상은 그저 먹기만 하려고 차리는 게 아니란다. 하늘과 조상님께 음식을 바치며 아기를 축복하고 지켜 달라고 비는 음식상이지."

"그럼 이 실뭉치는 뭐야?"

초롱이가 사진을 들여다보며 물었어.

"무명실타래야. 질기고 긴 무명실처럼 아기가 건강하게 오래 살기를 바라는 마음에서 놓는 거지. 여기 이 붉은 수수팥떡과 하얀 백설기는 나쁜 기운을 막아 주고 아기가 티 없이 잘 자라게 지켜 달라는 마음에서 올린 거고."
"정말? 이 떡들이 아기를 지켜 준다고 믿었어?"
"그럼! 예부터 흰색에는 신성한 기운이, 붉은색에는 나쁜 귀신을 물리치는 기운이 있다고 믿었지."

엄마는 잠시 생각을 하더니 초롱이 사진첩까지 꺼내 와 펼쳐 보였어.
"하늘이가 입고 있는 한복은 '색동까치두루마기'라는 거야. 초롱이는 색동저고리에 검정 조바위^{추울 때 쓰는 여성용 모자}도 썼네. 돌잔치 같은 이런 특별한 날에는 뜻이 좋은 색깔들을 모아서 만든 색동옷을 입혔단다."
"뜻이 좋은 색깔들?"
초롱이가 고개를 갸웃거렸어.

나쁜 기운을 몰아내고, 건강하고 복되게 살라는 뜻으로 입힌 색동 한복

다섯 방향을 가리키는 색, 오방색

"딩동, 딩동!"
초인종 소리에 초롱이가 얼른 현관 쪽으로 달려갔지.
"누구세요?"
초롱이가 문을 열자 밖이 떠들썩했어. 작은엄마가 봄이를 안고 놀러 온 거야. 가까운 동네에 사는 작은엄마는 엄마에게 돌잔치 일을 더 자세히 물어보고 싶었나 봐. 그런데 손님이 또 있어. 연구소에서 전통문화 공부를 하고 있는 고모야. 고모는 우리나라의 색과 문화에 관한 연구를 하고 있지. 휴가를 이용해 초롱이, 하늘이를 보러 오겠다고 한 소식은 들었는데, 마침 집으로 들어오는 참에 작은엄마와 딱 만났던 모양이야.
"고모! 작은엄마! 봄이야!"
초롱이는 누구에게 먼저 인사를 해야 할지 몰라 허둥거렸어. 곧 뒤따라 나온 하늘이와 엄마, 아빠도 깜짝 놀라며 모두를 반갑게 맞아들였지.
"어서들 와!"
"그간 잘 지냈지요?"
고모는 봄이를 안은 작은엄마를 먼저 집 안으로 들어가게 하고는, 웃으며 따라 들어왔어.

"봄이야! 까꿍, 까꿍!"

하늘이는 작은엄마 품에 안긴 봄이 앞에 잽싸게 다가가더니 콩콩 뛰고 뱅뱅 돌며 열심히 얼러 댔어.

"아이고, 정신없어. 애들아, 가만히 좀 있어 봐. 어서 들어와요."

거실이 금세 사람들로 그득 찼어. 작은엄마가 봄이를 안고 소파로 가며 미소 지었어.

"큰집만 오면 우리 봄이 눈이 더 초롱초롱해진다니까요. 지금도 초롱이, 하늘이 보고 웃는 것 좀 보세요."

작은엄마 말대로 봄이는 초롱이와 하늘이를 번갈아 보면서 자꾸 해득해득 웃었어.

"봄이 돌날이 며칠 안 남았다면서요? 온 가족이 함께 모여 축하할 일이에요. 하하!"

고모 말에 작은엄마가 환하게 웃으며 대답했어.

"돌잔치에 가족들이 많으면 많을수록 더 좋지요."

초롱이는 아까 들은 말이 생각나 불쑥 물었어.

"봄이도 돌날 색동옷 입어요?"

작은엄마가 고개를 끄덕였지.

"그럼! 예쁜 색동옷 입혀야지."

"조금 전에 엄마한테 들었는데요, 뜻이 좋은 색을 모아서 색동옷을 만드는 거래요."

"그게 어떤 색깔들인데?"

하늘이가 끼어들며 물었어. 고모가 짐을 풀며 대답했지.

"바로 우리나라 전통 색 파랑, 빨강, 노랑, 하양, 검정이지. 이 다섯 색을 오방색이라고 하는데, 오방정색이나 오방빛이라고도 하지."
하늘이가 고개를 갸웃했어.
"그게 우리나라 전통 색이라고? 그런 평범한 색이?"
"그래, 이 다섯 색은 각각 방향을 가리키기도 해. 동쪽은 파랑, 서쪽은 하양, 남쪽은 빨강, 북쪽은 검정, 중앙은 노랑. 이렇게 말이야."
"색깔이 방향을 가리킨다고?"
초롱이도 눈이 둥그레졌지.

굿을 할 때 쓰는 다섯 깃발인 오방신장기. 검은색이 안 보이는 대신 푸른색이 하나 더 들어 있다.

"그런 이야기 처음 듣는구나? 오방색은 색깔별로 상징하는 다섯 방향이 있어. 오방색의 방(方)이 방향을 의미하거든. 그리고 다섯 색깔이 각각 상징하는 다섯 요소인 나무, 불, 흙, 쇠, 물도 있는데……. 음, 이걸 설명하려면 음양오행부터 알아야 하는데."
아빠가 고모 짐 푸는 걸 도와주며 한마디 거들었지.
"잘됐네, 고모가 이쪽 분야 연구자 아니냐! 초롱이랑 하늘이가 제대로 선생님을 만났구나!"
고모가 빙그레 웃더니 이야기를 시작했어.
"우주와 이 세상이 어떻게 만들어졌을까 궁금하지? 우리 조상들은 그 이치를 음양오행의 원리로 생각했어."
"우, 우주와 이 세상이 만들어진 이치?"

우주 이야기라면 자다가도 벌떡 일어나는 하늘이는 눈을 반짝이며 고모 곁에 바싹 다가앉았어.

"후후, 그러니까 아주 먼 옛날, 아직 이 세상이 생기지도 않았을 때 이야기야. 그때는 사방이 온통 깜깜한 어둠뿐이었지. 그러다 어느 날 그 커다란 어둠덩어리가 둘로 쩍 갈라지면서 두 개의 기운이 생겨났어."

"우주가 열린 거야?"

하늘이가 여전히 눈을 동그랗게 뜨고 묻자, 고모가 고개를 끄덕였어.

"그래, 그게 바로 따뜻한 '양 기운'과 차가운 '음 기운'이지. 구름처럼 가벼운 '양 기운'은 위로 올라가 하늘이 되었고, 바위처럼 무거운 '음 기운'은 아래로 내려가 땅이 되었어."

"양 기운, 음 기운……."

하늘이가 따라 중얼거리자 고모가 고개를 끄덕이며 말을 이었어.

"양 기운, 음 기운, 이 두 기운이 조화를 이루어 나무(木), 불(火), 흙(土), 쇠(金), 물(水) 다섯 기운이 나왔어. 이 다섯 기운을 세상을 만드는 기본 물질로 보고, '오행'이라 불렀지."

"오행?"

"그래, 이 오행과 음양을 합해 '음양오행'이라고 하는 거야."

"으아아, 뭔가 신기하고 알쏭달쏭한데! 태어나서 처음 들어 보는 이야기야, 고모."

초롱이가 눈을 반짝거렸어.

"그래, 좀 낯선 이야기지. 지금부터라도 친해져 봐. '음양오행' 사상은 우리 전통문화와 생활 양식에 아주 중요한 바탕이 되니까. 우리 주변에서도 많이 찾아볼 수 있지."

"그런데 왜 오방색을 이야기하는데 음양오행을 설명하는 거야?"

"오! 이초롱, 좋은 질문이야! 오방색의 각 색깔이 상징하는 다섯 요소가 바로 이 오행이기 때문이지. 파랑은 나무, 빨강은 불, 노랑은 흙, 하양은 쇠, 검정은 물!"

"힝. 무슨 말인지 하나도 모르겠어. 고모, 좀 더 쉽게 설명해 줘."

하늘이가 답답하다는 듯이 말했어.

"하하. 그래, 그래. 우리 이럴 게 아니라 오방색을 직접 찾아보며 알아볼까?"

초롱이와 하늘이는 고개를 끄덕였어. 엄마, 아빠가 쉬러 온 첫날부터 너무 무리하는 건 아니냐며 걱정했지만, 고모는 끄떡없다며 자리에서 일어났어.

"오빠랑 언니는 봄이 돌잔치 이야기 더 하시고요. 자, 우리는 밖으로 나가서 오방색을 찾아보자. 어때?"

"응, 좋아!"

초롱이와 하늘이는 고모 손을 한쪽씩 잡고 신 나게 집을 나섰어.

2장. 동쪽에는 나무의 색, 파랑

"음, 신선한 공기! 나무 그늘도 많고…… 공원에 나오니 정말 좋네."
고모는 바람에 살랑거리는 나무 잎사귀들을 올려다보며 한껏 기지개를 켰어.
초롱이와 하늘이는 나무둥치를 안고 뱅뱅 돌기도 하고 기어오르기도 하며 아주 신이 났지. 그 바람에 아직 마르지 않고 남아 있던 나뭇잎 이슬방울들이 토도독 떨어졌어. 초롱이는 물기를 닦으며 다시 고모 곁으로 갔어.
"오방색 이야기 어서 해 줘, 고모. 궁금해."
초롱이가 조르자 고모가 활짝 켜던 기지개를 접고 풀밭에 앉았어. 나무 사이를 이리저리 뛰어다니던 하늘이도 다가와 털퍼덕 앉았어.
"그래. 그럼 파랑 얘기부터 해 볼까?"
"응! 파랑 하면 하늘, 바로 이하늘 님이잖아. 에헴!"
하늘이가 우쭐댔어.

"후후, 그래. 파랑 하면 하늘이 생각나지. 파랑은 오방색 중 하나야! 오행 중에서 나무(木)를 나타내지."

"나무? 물이 아니고?"

하늘이가 고개를 갸웃거렸어.

"응. 아까 오행이 있다고 이야기했지? 오방색이 나타내는 다섯 요소! 나무, 불, 흙, 쇠, 물 다섯 요소 중에서 파랑은 나무를 나타내. 나무는 나무를 말하면서 동시에 땅에 뿌리를 내리고 사는 모든 생명체를 말해. 풀과 꽃까지 모두 포함해서 말이야."

"아이고, 머리야! 아까 색깔마다 방향이 있다고 했잖아. 파랑은 어느 방향을 나타내?"

잠자코 고모 이야기를 듣던 초롱이가 물었어.

"응, 파랑은 동쪽을 나타내는 색이야. 동쪽은 해가 뜨는 곳이잖아. 그래서 동쪽엔 다른 곳보다 빛이 많으니까 풀과 나무가 무성히 자라 늘 푸른 기운이 있다고 생각했어. 그래서 파랑을 동쪽 색이라 하고, 새로 시작하는 생명의 힘을 뜻한다고 여겼지."

초롱이와 하늘이가 어리둥절한 표정을 지으며 자꾸만 고개를 갸웃거렸어.

"어렵게 생각할 것 없어. 너희들 태어났을 때, 삼신할머니●가 어서 세상으로 나가라고 너희들 엉덩이를 철썩 때렸거든. 그래서 태어나자마자 너희가 응애 응애 울었단 말이야. 그걸 첫울음이라고 하는데, 그 바람에 엉덩이에도 시퍼

● 삼신할머니는 산모와 태어난 아기를 지키는 신이에요. 옛날부터 아기를 낳으면 흰밥과 미역국을 한 그릇씩 마련해 삼신에게 바치고 산모와 아기의 건강과 행복을 기원했답니다.

렇게 멍이 들었다고 해. 그 멍을 몽고반점이라고 하는데, 아기가 세상에 나와 처음 얻는 색이 바로 그 푸른색이라고! 그게 바로 새로운 시작을 상징하는 것 아니겠어? 후후."
"에이, 좀 억지 같아. 그, 그런데 고모. 나도 아기였을 때 그런 멍이 있었어? 설마 난 아니겠지?"
초롱이가 머뭇머뭇 묻는 말에 고모가 큰 소리로 말했어.
"아니긴. 네 엉덩이엔 아주 이따만 한 큰 멍이 있었는걸."
"우헤헤. 이따만 한 멍이래."

하늘이가 깔깔거리자 초롱이는 샐쭉했어.

"아이, 뭐야! 고모."

고모는 하하 웃으며 공원 안쪽을 가리켰어.

"저리로도 한번 가 보자!"

초롱이는 뾰로통한 얼굴을 풀고 금세 뒤따라 뛰어갔지.

● 쪽은 푸른색을 내는 대표적인 염료 식물이에요. 늦여름이나 초가을에 분홍색 작은 꽃을 피워요. 잎을 찧은 물에 옷감을 넣고 삶으면 고운 남빛을 낸답니다.

새로운 시작을 나타내는 색, 파랑

"조카들, '쪽●'이라는 풀 알아?"

"쪽? 그게 뭐야?"

고모 말에 초롱이도 하늘이도 고개를 저었어.

"옛날에는 물감이 없었잖아. 그래서 자연에서 얻은 재료들로 색을 냈지. 쪽이라는 풀을 찧고 빻은 물에 헝겊을 넣고 삶으면 푸른색 천이 돼. 옛날 사람들은 그걸로 옷을 짓거나 생활용품을 만들어 썼어. 쪽빛 하늘, 쪽빛 바다란 말 들어

영친왕비의 아름다운 쪽빛 적의. 비단에 오색 꿩 무늬로 수를 놓은 왕비의 예복이다.

● 푸른색은 일반적으로 파랑(blue)을 말하지만 우리나라에서는 파랑(blue)과 초록(green)을 함께 아울러 이야기해요. 그래서 파란 바다와 초록 들판을 푸른 바다, 푸른 들판이라 하기도 하지요. 다시 말해 푸른색에는 파랑과 초록 뿐 아니라 짙은 남색, 연한 파란색, 청록색 등과 같은 색이 모두 포함됩니다.

봤어?"

"응! 들어 봤어."

초롱이, 하늘이가 동시에 대답했어.

"쪽빛은 이 쪽을 물들인 빛깔을 말해. 푸른색인데 그 색이 참 다양하게 보이지●. 하늘 색깔 같기도 하고, 바다 색깔 같기도 하고, 풀 색깔도 나지."

"나도 쪽으로 파란 색깔 만들어 보고 싶다."

하늘이의 혼잣말에 고모가 빙그레 웃었어.

특별히 파란색 곤룡포를 입은 태조 이성계의 모습을 담은 어진

"옛날에는 색깔을 쓰는 데에도 제한이 있었어. 노랑은 중심이나 중앙을 나타내는 귀한 색이어서 중국 황제만 쓸 수 있었어. 그래서 조선 시대 임금님들은 빨간 곤룡포임금이 평소 업무를 볼 때 입는 옷를 입었지."

"빨간 곤룡포를?"

"응, 빨강이 태양이나 불처럼 강한 힘을 나타내고 따뜻한 양의 기운이 가득하다고 해서, 왕이 입기에 더없이 좋다고 여겼거든."

"그랬구나!"

"그런데 재미있게도 조선을 세운 태조 이성계의 어진초상화을 보면 파란색 용포곤룡포의 줄임말를 입고 있어."

"왜?"

"나라를 세우고 새로운 왕조를 열었으니 '시작'을 알리는 의미에서 파란색 옷을 입은 거 아닐까?"

초롱이, 하늘이는 파란색 곤룡포를 입은 왕의 모습을 떠올리며 고개를 끄덕끄덕했어.

"아, 그러고 보니 세계적으로 유명한 파랑이 있었네. 바로 고려청자의 파랑말이야. 고려청자는 세계적으로 그 아름다움을 인정받았지. 흙으로 빚은 자기를 유약도자기의 몸에 덧씌우는 약만 발라 구웠는데, 어떻게 그렇게 우아하고 신비로운 푸른색 자기가 될 수 있었을까! 나중에 같이 한번 보러 가자. 박물관으로!"

세계인의 찬사를 한몸에 받는 아름다운 고려청자

"와! 신 난다!"

공원 길을 앞서거니 뒤서거니 걷다가 하늘이가 땅에 떨어진 솔가지 하나를 몰래 주웠어. 하늘이가 이런 좋은 기회를 놓칠 리가 없지. 하늘이는 초롱이 어깨에 슬그머니 솔가지를 얹었어.

"으아! 송충이다!"

"야! 이하늘!"

흠칫 놀랐던 초롱이가 냉큼 하늘이를 쫓아갔어.

"고모, 살려 줘! 누나가 나 괴롭혀."

"하하. 그만들 해라! 조카들, 옛날에 그 솔가지를 금줄에 꽂았던 거 아니? 갓 태어난 아기를 보호하려고 말이야."

"금줄?"

"그래. 금줄은 나쁜 기운을 막기 위해 대문 위에 내건 새끼줄을 말해. 금줄에 푸른 솔가지를 꽂으면 나쁜 기운이나 악귀가 못 들어온다고 생각했어. 남자아이가 태어났을 때는 솔가지랑 붉은 고추를, 여자아이가 태어났을 때는 솔가지랑 검은 숯을 꽂아 두었지."

"고모, 나 태어났을 때도 대문에 금줄 걸었어?"

하늘이가 겁먹은 얼굴로 물었어.

"으응? 글쎄다. 그게 암만해도 기억이 안 나는데……. 그러고 보니까 헉! 하, 하늘아. 네 뒤에 그, 그!"

"으악! 호, 혹시?"

하늘이가 겁에 질려 고모 옷자락을 파고들었어. 초롱이도 덩달아 흠칫했지. 엉겁결에 뒤를 돌아본 초롱이가 고모 팔을 톡 쳤어.

금줄을 내거는 문화는 우리 생활 곳곳에서 드러난다.

"에잇, 뭐야. 고모, 아무것도 없잖아!"

"후후. 그럴 때 바로 푸른 솔가지를 내밀어야지. 슉 하고!"

"치. 고모, 미워!"

하늘이가 비죽 입을 내밀었어.

고모는 웃음을 참으며 하던 얘기를 계속했어.

"파랑은 또 빨강하고 나란히 붙여서 많이 썼어. 태극기에 있는 태극무늬나 청사초롱●처럼 말이야. 청사초롱 알지? 신랑이 말을 타고 신부집으로 갈 때나 신부가 가마를 타고 시집갈 때 길을 비추어 주는 거! 드라마에서 자주 봤지?"

● 청사초롱은 원래 궁중에서 밤나들이할 때 길을 밝히던 초롱불의 덮개를 말합니다. 조선 후기에는 일반 백성들이 결혼식을 올릴 때 많이 썼어요.

신행길의 모습을 담은 단원 김홍도의 그림. 청사초롱을 빼놓지 않았다.

"초롱이래. 우헤헤."
하늘이가 깔깔거렸어.
"고모, 누가 결혼하려고 그러면 우리 누나 꼭 빌려 주자. 여기 초롱 있다고."
"뭐? 하늘이, 너 정말! 당장 이리 와."
초롱이가 식식대며 두리번거렸지만, 날쌘 하늘이는 벌써 저만큼 달아나 있어.

전통 의례와 오방색

"전통 혼례식을 올린 작은아빠네 결혼사진 한번 볼래? 작은아빠는 사모관대를 갖추고, 작은엄마는 고운 한복을 입고 족두리 쓰고, 볼과 이마에 연지곤지 찍고……. 힛. 옛날에는 이렇게 해가 저물어 어두워지는 초저녁에 청사초롱을 밝히고 결혼식을 치렀대."

❀ 청사초롱의 빨강은 양의 기운을, 파랑은 음의 기운을 가지고 있어. 신랑 신부가 조화를 이루어 아름답고 행복하게 살아가기를 바라는 마음에서 썼대.

❀ 신부는 전체적으로 빨강, 신랑은 파랑으로 옷을 입었어. 양(빨강)과 음(파랑)의 조화를 뜻하는데, 신랑 신부가 서로 화목하게 잘살기를 바라는 거지.

❀ 신부는 녹의홍상(綠衣紅裳), 그러니까 푸른색 저고리와 붉은색 치마를 입고 빨간 원삼이나 활옷을 입었어. 신부가 입는 녹의홍상에는 건강하게 오래, 넉넉하고, 귀하게 살라는 기원의 뜻이 담겨 있대. 볼과 이마에 찍은 붉은색 연지곤지는 나쁜 기운을 쫓으려는 뜻이 있어.

❀ 신랑과 신부는 청실과 홍실로 연결된 표주박에 술을 담아 서로 나누어 마셨어. 음과 양의 기운을 더해 서로 하나가 된다는 것을 뜻해.

❀ 수탉과 암탉도 전통 혼례식에 빠지지 않고 등장하지. 하루의 시작, 새로운 출발을 뜻하는 닭은 악귀를 내쫓고, 복을 누리고 싶은 마음을 담았어.

❀ 결혼을 앞두고 신랑 집에서 신부 집으로 사주단자를 싸서 보내던 사주 보자기도 있어! 사주단자는 신랑이 태어난 날짜와 시간이 적힌 종이야. 사주단자가 신부 집에 전해지면, 서로 결혼하겠다는 약속이 이루어진 거라고 생각했대.

❀ 오방낭자는 결혼할 신부 집에 보낼 함에 함께 넣어 보낸 다섯 가지 곡식 주머니야. 팥은 잡귀를 쫓으려고 썼고, 콩은 귀한 신분을, 찹쌀은 인내를, 목화씨는 많은 자손을, 향나무는 절개와 순결을 뜻해서 넣었대.

3장. 남쪽에는 불의 색, 빨강

봄이와 작은엄마는 집으로 돌아가고, 엄마 아빠는 마트에 장을 보러 나갔어. 초롱이와 하늘이는 아까부터 건물 사진 하나를 들여다보며 옥신각신하는 중이야.

"동대문이야."

"아냐, 남대문이라니까."

씻고 나오던 고모가 물었어.

"무슨 얘기들이니?"

하늘이가 입을 내밀며 말했어.

"고모! 누나가 이게 남대문이래. 분명히 동대문 같은데. 지난 번에 엄마랑 버스 타고 가다가 나도 동대문 본 적 있단 말이야."

초롱이도 지지 않고 나섰어.

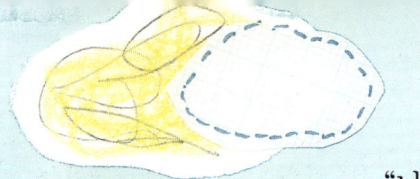 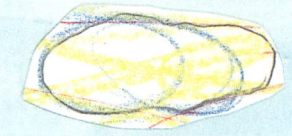

"나도네요. 그래서 남대문이라는 거지. 동대문은 이렇게 생기지 않았어. 이건 남대문 사진이 맞다고요."

"후후. 정확하게 알 수 있는 방법이 있지. 얼핏 보면 이런 건물들이 다 비슷하게 생겼지? 그런데 사실은 저마다 자기 이름표를 달고 있어."

"이름표? 에이, 말도 안 돼. 건물이 사람인가 뭐."

초롱이가 믿기지 않는다는 듯이 말했어. 하늘이도 학생처럼 이름표 단 건물들을 상상하며 우헤헤헤 웃었어.

"으응? 정말이라니까! 봐봐. 여기 뭐라고 쓰여 있지?"

초롱이, 하늘이도 골똘히 사진을 들여다보았어.

"음, 이건 숭례문이라고 쓰여 있는 걸 보니, 남대문 사진이네."

"그것 봐! 내 말이 맞지?"

초롱이가 의기양양해 했어.

"숭례문? 남대문이라면서. 그럼 남대문이라고 쓰여 있어야지."

하늘이는 여전히 못 믿겠다는 표정을 지었어.

"그건 그냥 남쪽 문이라서 부르기 쉽게 붙인 이름이고, 실제로는 정확한 뜻이 담긴 이름이 다 따로 있지."

"그래? 그 이름이 뭔데?"

"옛날, 특히 조선 시대 때에는 음양오행의 원리에 따라 건물을 짓고 도시 이름을 지었거든. 서울 사대문도 조선 태조 때 사람이 마땅히 지켜야 할 도리라는 '인·의·예·지·신' 다섯 덕목을 따라 지은 거야. 백성들이 성문을 오가며 그 뜻을 늘 마음에 새겼으면 하는 마음에서 나온 말이지."

고모는 인터넷에서 다른 사진들을 더 찾아 보여줬어.

"사대문 이름이 그냥 부르기 쉬우라고 막 지은 게 아니었구나."

초롱이가 놀랍다는 듯 중얼거리자 고모가 고개를 끄덕였어.

"그럼! 남쪽은 언제나 해가 강렬해 빨강으로 나타냈어. 파랑이 상

우리 전통 건축물에서 만날 수 있는 단청. 여러 색이 음양오행의 원리에 따라 조화롭게 쓰였다.

징하는 오행의 요소가 나무인 것처럼, 빨강은 불을 나타내는 색이야. 빨강에는 따뜻한 양의 기운이 많다고 해서 오행 중에서 '불'의 기운이 있다고 봤지."
"불의 기운이 뭐야?"
"응, 나쁜 기운을 물리치는 강력한 힘이지. 불에는 그런 힘이 있다고 믿었고, 불의 기운을 나타내는 빨강에도 역시 그런 효과가 있다고 믿었거든. 무시무시한 귀신이나 질병, 재앙 같은 사악한 기운을 물리치는 데는 뭐니 뭐니 해도 빨강이 으뜸이라 여겼지. 그래서 붉은 부적 같은 걸 방문 위에 붙이거나 몸에

지니는 일이 흔했고."

"윽! 또 귀신, 정말 싫어."

하늘이는 목을 움츠렸어.

"하하. 하늘이가 그럼 더 잘 들어 둬야겠다. 옛날부터 귀신은 차가운 음 기운이 많은 곳을 좋아한다 생각했어. 따뜻한 양의 색깔 빨강이 그런 귀신을 물리치게 해 준다고 본 거야."

"진짜?"

고모 이야기에 하늘이가 목을 쭉 내밀고 주변을 두리번거리더니, 현관 옆에 걸려 있던 빨간 모자를 얼른 벗겨 와 덮어썼어. 고모와 초롱이는 터져 나오는 웃음을 참느라 힘들었지.

사악한 기운을 물리치는 색, 빨강

"옛사람들 생활 속에서 빨강을 찾아볼까?"

"응!"

"일 년 중 밤이 가장 긴 동짓날에는 꼭 붉은 팥으로 팥죽을 쑤어 먹거나 시루떡, 수수팥떡을 해 먹었단다. 팥의 붉은색이 나쁜 기운을 쫓는다고 믿었던 거지. • 첫나들이하는 아기에게는 곤지_{화장할 때 입술이나 뺨에 찍는 붉은 빛깔 염료인 연지로 이마 가}

● 지역마다 조금씩 다르지만, 팥죽을 만들면 먼저 사당에 올려 동지 차례를 지냈어요. 그런 다음 방과 장독, 헛간 등 집 안 여러 곳에 팥죽을 놓아두었다가 식으면 가족들이 모여서 먹었지요. 붉은 팥이 집 안에 있는 나쁜 기운을 쫓아낸다고 믿었거든요.

운데에 찍는 붉은 점를 찍어 주고, 여자들은 결혼하기 전까지 빨간 댕기를 드리고 다녔어. 또 손톱에 봉숭아물을 들이는 풍습도 비슷한 뜻을 담고 있단다."

"앗! 그런 줄 알았으면 여름에 봉숭아물 들일걸. 고모, 미리 얘기 좀 해 주지."

"내년 여름에 꼭 하렴."

"알았어."

"그런데 그때 되면 누나는 분명히 까맣게 잊어버릴걸?"

"아니거든!"

"두고 봐야지. 우헤헤!"

"얘기 계속 들어 봐. 고추장, 간장, 된장을 담글 때에도 항아리에 붉은 고추와 대추를 띄우고, 항아리 둘레에 붉은 고추를 끼운 금줄을 둘렀어. 그러면 악귀가 독 안에 들어가 장맛을 망치는 일을 막을 수 있다고 믿었거든. 장은 한 해 동안 음식의 맛을 좌우하는 만큼 나쁜 기운이 닿지 않도록 조심 또 조심했지."

"빨강이 힘이 세구나."

"맞아. 불도 아주 중요하게 생각해서 부엌 아궁이나 화로 같은 곳에 불씨를 잘 담아 두고 꺼뜨리지 않으려 애썼지. 옛날에는 불을 피우는 게 지금처럼 쉽지 않았어. 게다가 불이 활활 잘 타오르는 집에는 복이 많이 들었다고 여겼거든."

붉은 곤룡포를 입은 위풍당당한 영조의 어진. 자신감과 권위가 드러난다.

"에이, 우리도 아궁이 불 피울 수 있는 데서 살면 좋겠다!"

하늘이가 툴툴댔어.

"후후, 대보름날은 달집태우기, 쥐불놀이 같은 민속놀이•도 했어. 불길이 액운을 쫓아 준다고 믿었기 때문이지. 이런 불로 하는 놀이를 요즘은 쉽게 할 수 없어 많이 아쉽네."

고모 얘기를 듣던 하늘이가 갑자기 벌떡 일어나더니 부엌 쪽을 살폈어.

"왜 그래? 하늘아."

"엄마가 가스 불 잘 꺼 놓았나 봤어. 가끔 깜빡하고 안 끄실 때 있거든."

"우리 하늘이가 살림꾼이네. 하하."

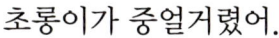

초롱이가 중얼거렸어.

"그러고 보니 옛날이랑 완전 반대네. 옛날엔 불씨를 꺼뜨릴까 봐 조심, 요새는 불 안 껐을까 봐 조심."

"응? 정말 그러네. 하하."

• 대보름에는 액운을 쫓고 한 해를 무사히 보내자는 의미로 불로 다양하게 놀았어요. 대나무, 짚, 솔가지, 땔감 등을 쌓아 올린 달집을 태우기도 하고, 대보름 전날 논둑, 밭둑에 불을 붙이고 돌아다니며 노는 쥐불놀이를 하기도 했지요.

🦋 전통 건축과 오방색

"고모랑 누나랑 서울 사대문을 보러 갔어. 고모 말대로 사대문에는 한자로 된 현판, 그러니까 건물마다 이름표가 다 붙어 있었어. 죄다 어려운 한자라 나는 읽을 수가 없지만 말이야. 그런데 신기하게도 정말 거기에 다섯 방향과 관련된 이야기가 있었어. 무슨 이야기였냐고?"

돈의문

숙정문

보신각

숭례문

◉ 동대문은 어진 기운을 나타내는 흥인지문(興仁之門)

오행에서 동쪽은 사계절 가운데 봄을 나타내. 봄은 햇볕이 점점 따스해지면서 눈이 녹고, 파릇파릇 새싹이 돋고 꽃이 피어나 자라잖아. 그래서 봄은 어진 덕이 있다고 믿었어. 그래서 동쪽 대문은 어질 인(仁) 자를 넣어서 흥인지문이라고 했대.

◉ 서대문은 의리를 지닌다고 해서 돈의문(敦義門)

서쪽은 가을을 나타내. 가을이 되면 찬바람이 불고 잎은 시들어 떨어지고 열매가 남지. 가을은 죽어서 땅에 묻힐 것과 남겨서 새롭게 생명을 이어야 할 것을 가려내는 의로운 덕이 있다고 봤어. 그래서 의를 두텁게 한다는 뜻으로 돈의문이라고 부른대.

◉ 남대문은 예의를 나타내는 숭례문(崇禮門)

남쪽은 여름을 뜻해. 여름이 되면 식물도 동물도 쑥쑥 자라고, 서로 질서를 이루며 잘 살아가. 이렇게 함부로 남을 해치지 않고 분수를 벗어나지 않는 덕을 예라고 보았대. 그래서 예를 높이는 문이라고 숭례문이라 했대.

◉ 북대문은 지혜를 나타내는 숙정문(肅靖門)

북쪽은 겨울! 북쪽 대문은 뭘까? 북대문? 킥킥. 그런 말은 들어본 적 없다고? 바로 숙정문이야. 겨울은 추워서 씨앗이 땅속에 가만히 묻혀 있잖아. 나올 때를 안다니 얼마나 지혜로워! 그래서 엄숙한 지혜라 하여 숙지문이라 했다가, 나중에 고요한 정자라는 뜻을 담은 숙정문으로 바꾸었다고 해. 에헴!

◉ 중앙의 보신각(普信閣)

그렇다면 가운데는 뭘까? 바로 '인·의·예·지·신'에서 마지막 '신'이 들어가는 곳인데, 중앙은 오행에서 사람의 자리라고 하거든. 사람은 모름지기 두루두루 믿음이 있어야 하잖아. 그래서 두루 보(普) 자에 믿을 신(信), 보신각(普信閣)이 서울 가운데에 있는 거래. 어때, 사대문의 이름 뜻들이 정말 굉장하지?

흥인지문

4장. 중앙에는 땅의 색, 노랑

고모는 잠시 바람을 쐬자며 마당으로 나갔어. 초롱이, 하늘이도 따라 나갔지. 마당에는 꽃나무를 옮겨 심느라 파헤쳤던 흙들이 아직 덜 마른 채 여기저기 드러나 있었어.

"오늘은 노랑 이야기를 해 볼까?"

"응!"

초롱이, 하늘이가 입을 모아 대답했어.

"노랑은 중앙의 색이야. 가장 밝은 빛이라 나쁜 기운을 좋게 만든다고 했어."

"그럼 좋은 기운은?"

"좋은 기운은 더 좋게 만들지. 그래서 노랑은 따뜻한 양기가 가득한 색이지."

"노란색 보면 기분이 좋아."

초롱이 말에 고모가 고개를 끄덕였어.

"노랑은 오행에서 땅(土)을 나타냈어. 예부터 땅은 우주의 중심이자 바탕이 된다고 생각했거든. 땅이 있어야 만물이 있다고 말이야. 그래서 하늘은 아버지, 땅은 어머니에 비유하기도 한단다."

초롱이, 하늘이는 고모 이야기에 진지하게 귀를 기울였어.

"땅은 곧 삶의 터전이지. 우리는 농경 민족이라 땅에서 곡식을 얻었으니 더더욱 그렇지. 그래서 옛 어른들은 흙도 귀하게 여겨서 마당을 쓸 때도 바깥쪽에서 안쪽으로 쓸었다고 해. 복이 쓸려 나가 버릴까 봐 말이야."

"아하! 그래서 하늘이가 신발에 흙을 잔뜩 묻혀서 집에 오는 거구나? 복 들어오라고."

초롱이가 짓궂게 물었어. 하늘이는 엉겁결에 고개를 끄덕였지. 고모가 웃으며 물었어.

"현관 지저분하게 한다고 핀잔 꽤나 들었을 것 같은데? 아냐?"

"윽. 어떻게 알았어? 고모 밖에 없어. 땅을 사랑하는 내 마음을 엄마는 몰라준다고."

"우리 하늘이 넉살은 고모도 못 말리겠구나. 후후."

흙의 풍요로움을 품고 있는 색, 노랑

"노랑은 오방색 중에서도 가장 귀한 색으로 여겼어. 노랑이 황금색이잖아. 예나 지금이나 황금은 귀하게 생각했으니까. 중국에서는 노랑을 황제의 색으로 정했어. 그래서 조선 시대 때 우리나라에서 쓰지 못하게 하기도 했지."

"그래도 생활 속에서 노란색을 쓰긴 썼지? 노란색 없는 세상은 되게 이상할 것 같아!"

"그럼! 아기가 태어났을 때나 장 담글 때 문이랑 항아리에 뭘 건다고 했니?"

"문이랑 항아리에? 아! 금줄?"

"그래. 금줄. 노란 짚을 꼬아 금줄을 만들잖아. 금줄도 노란색이지! 금줄 짚은 꼭 왼새끼_{왼쪽으로 꼰 새끼}로 꼬아서 둘러야 했어."

"왜?"

"왼새끼는 귀신이 싫어하는 줄이라 생각했거든. 보통 생활할 때 쓰는 오른새끼와 달리 왼새끼는 신성하게 여겼어."

"나 왼새끼로 꼰 금줄 내 방에 걸고 싶다."

하늘이가 중얼거렸어.

"하하. 금줄을 방에 두르면 너도 방에서 못 나오고 누구도 방 안으로

조선 왕으로는 아주 드물게 노란색 곤룡포를 입고 있는 고종의 어진. '대한제국'을 선포하고 황제의 색을 입었다.

못 들어갈 텐데?"

"어? 왜?"

"금줄을 두른다는 건 출입을 막는 목적도 있거든. 아기가 태어나 금줄을 친 문에는 삼칠일, 그러니까 21일 동안은 가까운 친척도 오가지 못했어. 면역력이 약한 아기에게 병이라도 옮기면 큰일이니까 조심하는 뜻으로 말이야."

"난 봄이처럼 아기가 아니니까 괜찮아."

"'마을굿' 같은 제사나 고사를 지낼 때도 제관(祭官)제사를 맡은 사람집 문에 금줄을 쳐서 사람들 출입을 막았어. 그리고 당산나무마을 수호신으로 모셔 제사를 지내는 나무에도 금줄을 쳐서 부정한 기운이 닿지 못하게 했지. 마을에 돌림병이 돌 때에도 마을 어귀에 금줄을 쳐서 이웃 마을 사람들 출입을 막았고 말이야."

하늘이는 머리를 긁적거렸어.

"음, 노란색 하면 또 떠오르는 것! 잘 생각해 봐."

고모 말에 초롱이 눈이 반짝거렸어.

"아! 노란 들판! 가을에 벼가 누렇게 익으면 황금빛 들판이 되잖아. 그것도 노

랑 아냐?"

"맞아. 가을 들판의 황금색은 풍요를 상징하지. 그래서 옛날 사람들이 아주 좋아했어. 《세종실록》을 보면 노란 비가 내렸을 때도 풍년의 징조라고 믿었대. 땅도 깊이 팠을 때 흙빛이 노랄수록 좋은 땅이라고 했고."

"히힛, 고모, 나도 노랑 찾았어! 우리 학교 병설 유치원 동생들도 노란색 옷 입는데 엄청 귀여워."

하늘이가 들떠서 말했어.

"후후, 그래. 그러고 보니 유치원 버스도 노란색이네. 노란색이 눈에 잘 띄니까 안전을 나타내는 기호에도 많이 쓰여. 요즘은 오방색의 의미를 생각하면서 쓰는 경우가 드물 거야."

"좀 아쉽다. 오방색을 알면 좋은 뜻까지 담아서 쓸 수 있을 텐데. 음, 엄마한테 내 방 커텐을 노란색으로 달아 달라고 해야지. 우리 집 중심, 가운데에 있는 게 바로 나 이초롱이란 말씀! 킥."

전통 음식과 오방색

"옛날 사람들은 노란색에서 풍요로운 땅의 모습을 생각했어. 땅에서 먹을거리를 얻었으니까 말이야. 그 땅에서 나는 농작물로 음식을 만들 때도 음양오행의 조화를 생각했어. 음식 하나를 만들 때도 먹는 사람의 건강과 체질을 잘 살폈지. 오색의 조화를 이룬 음식들은 보기 좋고, 영양과 의미까지 담뿍 담겼던 거지. 어때, 정말 대단하지?"

❋ **오신채** 다섯 가지 매운 맛이 나는 봄나물 요리. 파, 마늘, 달래, 부추, 무릇, 미나리 새싹 등을 나물로 무쳐 먹었어. 중앙에 노란색 나물을 놓고 주위에 푸른색, 붉은색, 하얀색, 검은색 나물을 담아 놓았지. 오신채를 먹으면 인·의·예·지·신의 다섯 가지 덕을 모두 갖추게 되고, 몸이 균형과 조화를 이루어 건강해진다고 믿었단다.

❋ **오곡밥** 다섯 가지 이상의 곡식을 섞어 지은 잡곡밥. 풍요를 기원하는 뜻에서 대보름날 지어 먹었어. 오곡밥은 하루에 아홉 번 먹는데, 여러 번 나눠 먹는 데에는 한 해 동안 부지런히 일하라는 뜻이 담겨 있단다.

❋ **오미자차** 시고 달고 맵고 쓰고 짠 다섯 가지 맛이 나는 오미자 열매로 만든 차. 요즘도 여름에 많이 마시지. 다섯 가지 맛이 정말 다 나는지 궁금하지? 여름이 되면 꼭 마셔 보렴!

❋ **탕평채** 오색의 조화를 이룬 대표적인 음식. 봄에 청포묵에 쇠고기, 미나리, 숙주, 붉은 고추, 노란색, 하얀색 지단, 김을 넣고 초간장으로 새콤달콤하게 무쳐서 먹었어. 오색이 조화를 이룬 탕평채의 재료를 살피면 청포묵은 탄수화물, 지단과 고기는 단백질, 미나리와 숙주는 비타민과 무기질로 영양소 역시 골고루 들어갔단다.

❋ **오색 다식** 쌀가루, 콩가루, 송홧가루, 깻가루, 오미자즙으로 다섯 가지 색을 물들여 빚은 떡. 색도 곱고, 모양도 좋고, 영양도 아주 풍부하지.

❋ **오색 고명** 달걀 흰자, 노른자, 고기나 버섯, 실고추, 은행 등 다섯 색깔 재료로 갈비찜, 생선찜, 떡국, 국수 같은 음식 위에 올리는 고명. 어때, 오방색 이야기하니까 군침이 돌지?

5장. 서쪽에는 쇠의 색, 하양

나쁜 기운을 막는 동물 수호신 호랑이를 그려 넣은 깃발

"고모, 이 호랑이 그림들은 다 뭐야?"
고모가 컴퓨터에서 찾아 놓은 그림들을 보고, 초롱이가 물었어.
"으응, 백호도라는 조선 시대 민화들이야."
"민화?"
"응, 백성들의 생활과 마음을 담아낸 그림들을 민화라고 해."
그때 밖에서 놀다 온 하늘이가 큰 소리로 말했어.
"우와! 호랑이 그림이다! 고모, 이거 갖고 싶어!"
"그래. 알았어, 알았어. 프린트해 줄게."
하늘이는 입이 함박만 해졌지. 고모는 백호도 얘기를 계속했어.

"옛사람들은 호랑이를 신성한 동물이라고 생각했어. 집 안에 하얀 호랑이 그림을 걸어 두면 나쁜 기운과 귀신이 못 들어온다고 생각할 정도였지. 백호는 가정의 수호신이야."

"고모, 하얀 호랑이가 나쁜 기운을 막는 걸 보니, 하양도 오방색이구나?"

"후후, 우리 조카 이제 척척박사네. 그래, 하양도 오방색이야. 서쪽 방향을 뜻하는 색이지. 서쪽은 해가 지는 곳이라 차가운 음 기운이 있다고 봤어. 흰색은 오행 중에서 '쇠(金)'를 나타내."

"쇠?"

"응. 쇠(金)는 바위와 돌을 비롯해서 단단한 쇠와 광물, 보석 등을 두루 말한단다."

고모는 잠시 말을 멈추고 하늘이에게 줄 백호 그림을 종이로 뽑아냈어.

"흰색은 또 신성한 기운을 뜻하는 색으로 봤어. 옛날부터 사람들은 해를 신성하다고 여겼는데, 햇빛이 하얗게 빛난다고 생각했거든. 그래서 하늘에 바치는 의례를 치를 때 흰옷이나 하얀 천이 빠지지 않았고, 건국 신화에도 흰색은 늘 성스러운 의미로 나와."

"건국 신화라면 나라를 세우는 이야기 말이야?"
"그래, 맞아. 주몽 이야기 알지? 고구려를 세운 주몽! 주몽의 어머니인 유화 부인에게 하얀 햇빛이 비추어 닷 되나 되는 알을

낳아. 주몽이 신성한 하늘의 기운을 받아 태어난 아이란 뜻이지. 신라의 시조
<한 겨레나 집안의 맨 처음이 되는 조상> 박혁거세는 흰 말이 돌보는 알에서 태어나고, 경주 김씨의 시조 김알지의 신화에서는 태어날 때 흰 닭이 울고 있었다고 하지."
"우아! 되게 신비롭다!"
"이렇게 고대 건국 신화에 흰 기운과 흰 동물이 많이 등장하는 건, 나라를 세운 왕이 하늘의 뜻을 받았다는 걸 분명히 하고 싶어서일 거야. 그래서 흰 사슴이니 흰 곰이니 흰 새, 흰 뱀 같은 걸 다 좋게 여겼지. 꿈에 흰색을 보아도 길한 징조로 여겼고 말이야."
"어! 나도 얼마 전에 내 흰 곰돌이 인형 꿈꿨는데, 그것도 좋은 징조인가?"
초롱이 말에 고모가 단박에 핀잔을 주었지.
"어이구, 우선 깨끗이 좀 빨아 주기나 하세요. 흰 곰이 아니라 완전 회색 곰이더구먼."
"아이 참, 이러기야? 고모!"

신성한 기운을 나타내는 색, 하양

"사람들은 신에게 간절하게 기도할 일이 있을 때면 흰쌀을 떠 놓고 빌었어. 흰색과 쌀에 담긴 신성한 뜻 때문이지. 아, 재미있는 풍습 하나 얘기해 줄까?

옛날에는 장을 새로 담그면 장독대 테두리에 하얀 버선본 오린 종이를 거꾸로 붙여 놨었대."

"엉? 왜 그랬대?"

"장맛을 해치는 귀신이 버선 속에 들어가서 나오지 못하게 하려고."

"으하하, 귀신이 버선코에 갇혀서 나갈 길을 못 찾는 거야?"

초롱이와 하늘이가 깔깔거렸어.

"재미있지? 옛날 사람들은 그렇게 생각했대. 그런데 그것 말고도 좀 더 과학적인 이유가 있어. 장독에 흰 버선 모양의 종이를 둘러놓으면 빛이 흰 종이에 반사돼서 지네나 노래기 같은 벌레가 장독에 끼지 않는대. 벌레들이 반사되는 빛을 싫어하거든."

"오오, 이런 게 바로 생활의 지혜! 신기하다."

초롱이가 감탄하고는 고모에게 물었어.

"고모, 흰색 하니까 하얀 조선백자랑 '백의민족'이라는 말도 생각나."

"그래. 선조들은 흰색을 참 많이 썼어. 조선 시대에는 깨끗한 흰색 자기가 많이 만들어졌지. 백의민족(白衣民族)이라는 말은 우리 민족이 흰옷을 즐겨 입어서 생긴 말이야. 19세기 말에 조선을 방문한 외국인들이 쓴 글에서도 그 흔적을 쉽게 찾을 수 있어."

고모는 책장에서 몇 권의 책을 꺼내더니 진지하게 읽어 줬어.

"앵거스 해밀튼이 1901년에 지은 《조선(Korea)》이라는 책에 '바지저고리는 물론 양말까지도 흰색으로 걸치고 천천히 활보하는 조선인들의 흰색 물결은 뭔가 매력적인 감흥을 느끼게 한다.'는 문장이 있어. 드 라네지에르라는 프랑스 사람이 1902년에 남긴 글은 또 어떻고! '조선의 고유 의상에서는 생동감이 넘치는 백옥 같은 밝은 흰색부터 광목처럼 거칠고 투박한 흰색에 이르기까지 아주 다양한 종류의 흰색을 만나게 된다.'고 쓰여 있지."

"정말? 사람들이 그런 이야기를 했어?"

초롱이, 하늘이는 눈이 둥그래졌어.

"놀랍지? 그런데 우리 민족이 흰옷을 입기 시작한 것은 훨씬 더 오래 전부터야. 《삼국지》 위지 동이전 부여 편을 보면 '나라에서는 옷을 입을 때 흰색을 숭상_{높여 소중히 여김}하여, 흰색 포목_{베와 무명을 아우르는 말}으로 만든 통 큰 소매의 도포와 바지를 입고 가죽신을 신는다.'고 나와 있어. 부여 사람들이 백색을 숭상해 흰 도포와 흰 바지를 즐겨 입었다는 기록이야."

"왜 그렇게 흰옷을 많이 입었을까?"

"아마도 어디에나 조화롭게 잘 어울렸기 때문이 아닐까? 옛사람들이 살던 집만 봐도 알 수 있어. 기와집이든 초가집이든 어느 집이나 문에는 흰 창호지를

순백의 미를 드러내는 아름다운 조선백자

● 저고리 깃 위에 덧대어 꾸미는 헝겊을 말해요.

발랐는데, 그리로 햇빛이 은은히 비치고 공기가 잘 통했지."
"맞아! 전에 한옥 마을에 갔을 때 정말 그랬어!"
"한복의 동정●과 버선도 하얀색인데 여러 한복과도 잘 어울리지. 흰색이 조화를 잘 이루는 색이니 선조들이 많이 사용했을 거야. 물론 다른 이유도 있어. 옛날에는 지금처럼 옷에 물을 들이기가 쉽지 않았지. 백성들은 색이 있는 옷을 잘 입지 못하기도 했고. 간단히 정리하면, 흰색은 백성들이 일상에서 가장 많이 사용했던 색이라고 할 수 있지."
하늘이도 한마디 거들었어.
"우리가 만날 먹는 밥도 하얀색이잖아."
"그래, 그런데 재미있는 게 흰 쌀로 지은 그 밥을 흰 상태 그대로 먹는 민족이 드물대. 우리는 특별한 날 빼고는 흰 쌀밥을 그대로 먹잖아."
"아, 배 꼬륵! 음식 얘기하니까 갑자기 너무 배가 고파."
"뭐? 하하하. 그럼 우리 말 꺼낸 김에 밥 한번 맛있게 지어 볼까?"
고모 말에 초롱이, 하늘이도 입맛을 다셨어.
"좋아! 무슨 반찬 해 줄 건데?"
"하얀 쌀밥에 하얀 두부 부침이랑, 하얀 무나물이랑, 하얀 동치미 국물?"
"엥? 전부 하얀색 음식이잖아? 으으, 그건 너무 이상해! 고모, 우리 오방색 음식 먹자, 응?"

사신도와 오방색

"아까 민화에서 본 백호가 나쁜 기운을 막아 주는 수호신 역할을 한다고 했지? 이런 신성한 동물들이 여럿 있어. 청룡과 백호, 주작과 현무 이렇게 넷이 바로 그 동물 수호신, 사신이야. 동서남북 네 방향을 지키는 동물들이지. 중앙은 사람의 삶터여서 이 세계와 우주의 중심인 사람이 있다고 보았기에 수호신을 따로 두지 않았고 말이야."

◉ 청룡과 백호, 주작과 현무는 모두 오행을 나타내는 동물 수호신이야. 4세기 후반 사신도가 처음 그려질 때는 사신도와 사람들 생활하는 모습 비중이 비슷했어. 그러다가 점점 사신도 비중이 커져서 나중에는 무덤 벽 전체를 차지하게 되었어. 그만큼 고구려 사람들이 이 수호신을 좋아하고 많이 의지했다는 얘기겠지. 죽은 다음에도 자신들을 지켜 줄 강력한 동물 신들이 사방에 있다는 믿음이 사람들에게 커다란 위안을 주었나 봐.

◉ **동방의 청룡** 파랑이 상징하는 동쪽을 지키는 수호신이야. 청룡은 여러 동물의 모습을 모아 놓은 상상의 동물이지. 뿔은 사슴, 얼굴은 말, 목털은 호랑이, 몸통은 뱀, 비늘은 물고기, 다리는 닭, 수염은 메기를 닮았어. 용은 상서로운 기운을 준다고 믿었어. 그러다 보니 용의 신비한 기운을 전하는 이야기가 많단다.

◉ **남방의 주작** 빨강이 상징하는 남쪽을 지키는 수호신이야. 봉황도 같은 의미의 신으로 보고 있어. 봉황은 열 가지 동물의 생김새를 닮았어. 앞모습은 기러기, 뒷모습은 기린, 턱은 제비, 부리는 닭, 목은 뱀, 꼬리는 물고기, 이마는 황새, 뺨은 원앙새, 몸의 무늬는 용, 등은 거북과 비슷하지. 봉황은 왕을 뜻해. 위대한 왕이 태어나거나 새로운 시대가 열릴 징조로 나타난다고 믿었지.

◉ **서방의 백호** 네 방위 동물 수호신 가운데 유일하게 실제 세계에 존재하는 동물이야. 현실에서도 직접 볼 수 있어서 사람들은 호랑이 뼈나 털 같은 걸 몸에 지니기도 하고, 부적으로도 많이 그려 붙였어. 지금도 산신제나 성황제 같은 데서 마을 수호신으로 섬기기도 해.

◉ **북방의 현무** 검정이 상징하는 북쪽을 지키는 수호신이야. 싸움을 잘하는 검은 전사, 무신이라고 할 수 있어. 현무(검을 玄, 굳셀 武)라는 이름부터가 벌써 그렇거든. 거북선을 떠올리면 금방 이해할 수 있을 거야. 왜 굳이 전투용 배의 모습을 거북 모양으로 만들었을까? 거북은 지혜롭고 상서롭고, 장수하는 동물로 여겼지.

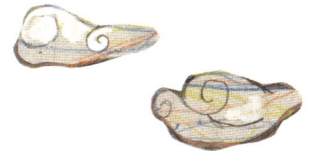

6장. 북쪽에는 물의 색, 검정

고모가 잠시 쉬는 동안 초롱이와 하늘이는 태권도 학원에 다녀왔어. 얌전한 초롱이가 현관문을 소리 나게 열며 뛰어 들어왔지.

"짜잔! 고모, 봐봐. 나 좀 달라지지 않았어? 응?"

"뭐가? 아! 우리 초롱이 검은 띠 땄구나!"

"히힛, 응, 나 이제 검은 띠야!"

하늘이도 곧 뒤따라 들어오며 우렁차게 말했어.

"난 흰 띠야! 흰 띠도 좋은 거야!"

"후후. 그럼, 물론이지. 흰 띠는 정의로운 사람에게 딱 어울리지!"

고모가 추켜세워 주자 하늘이가 으쓱거렸어. 초롱이는 양손을 허리에 얹고 잠시 자세를 잡아 보다가 불쑥 물었어.

"고모, 그런데 검정도 오방색이야?"

"후후. 그럼. 오늘은 검정 이야기를 해 줄까?"
"좋아!"
초롱이, 하늘이는 제꺽 대답했지.
"지금까지 들은 네 가지 색 이야기는 어땠어?"
"응, 아주 재미있었어!"
하늘이가 냉큼 대답했어. 초롱이도 방긋거리며 고개를 끄덕였지.

"다행이네. 이제 검정만 남았구나. 검정은 북쪽 방향의 색이고, 오행 가운데 물을 나타내는 색이란다."
"검정이 왜 물을 나타내는 거야?"
"응. 예부터 북쪽에는 아주 깊은 호수가 있어서 물의 기운이 많다고 여겼거든. 물은 원래 색이 없잖아. 그런데 웅덩이가 깊어지면 물빛이 검게 보인대."
"맞아, 아주 깊은 바다 속에 들어가면 빛이 안 들어서 아무것도 안 보이고 깜깜하댔어."
"그래. 북쪽은 다른 방향에 비해 태양빛이 적게 드는 곳이거든. 그래서 아무

래도 차가운 음 기운이 많다고 생각했어. 검정이 나타내는 계절인 겨울에는 꽃과 풀, 나무의 잎이 다 떨어지지만, 추운 겨울 땅속에서 다시 따뜻한 봄을 기다리고 있지. 그래서 검은색은 '죽음'을 나타내는 동시에 '소생거의 죽어가다 다시 살아남'을 뜻하기도 하는 거지. 아, 이걸 잘 드러내는 이야기가 있어."

"뭔데?"

"응. 고구려를 세운 주몽의 이야기야."

"어! 흰색에서도 고주몽이 나왔는데!"

"그래, 맞아. 고주몽 이야기가 그만큼 중요하고 재미있는 거지. 주몽이 대소 형제의 핍박을 피해 달아나다가 배 한 척 없는 강물에 다다랐어. 그대로 있다가는 목숨을 빼앗길 상황이지. 주몽은 물의 신인 하백에게 도와 달라고 기도를 했어. 하백은 또 누구냐? 바로 주몽의 외할아버지야! 하백은 주몽의 기도를 듣고 자라와 물고기를 보내 다리를 놓아 준단다."

"와, 멋진 이야기다!"

"하하, 주몽이 달아날 때 어머니인 유화 부인이 다섯 가지 곡식 씨앗 주머니를 챙겨 주었는데, 주몽이 그만 보리씨를 그대로 두고 갔어. 그 사실을 안 유화 부인이 비둘기 한 쌍에게 보리씨를 물려 주몽에게 날려 보내줬지. 주몽은 비둘기를 활로 쏘아 떨어뜨리고는 목구멍에서 보리씨를 꺼냈어. 그러고는 비둘기에게 물을 뿜어 줬어. 비둘기는 다시 살아나 하늘로 날아갔지. 하백의 손자인 주몽에게도 물로 생명을 되살리는 능력이 있었던 거야."

"와! 난 이런 이야기가 정말 재미있더라!"
하늘이 환호성에 고모는 빙그레 웃었어.

지혜의 색, 검정

"검정은 지혜를 나타내는 색이야. 선비들이 글공부할 때 쓰던 먹이랑 벼루랑 머리에 쓰고 다니던 갓도 죄다 검은색이잖아."
"우우, 그런 게 어디 있어. 그럼 우리처럼 까만 머리 사람들은 다 지혜롭게?"
초롱이가 말도 안 된다는 표정을 지었어.
"후후, 검정이 나타내는 계절이 겨울이라고 했잖아. 날이 추워지면 동물들은 겨울잠을 자면서 추위를 피하고, 풀과 나무는 씨앗을 땅에 묻은 채 봄을 기다리잖니. 그러니까 때에 맞춰 적절하게 대처하는 지혜가 있다고 보는 거지."
"어, 그럼 난 겨울에 태어났으니까 지혜로운 아이겠네?"
"그러네, 후후. 검은색은 또 높은 지위나 힘을 상징하기도 해. 조선 시대 왕은 특별한 행사 때마다 옷을 달리 입었

는데, 옷 가운데 최고라 할 수 있는 게 바로 대례복이야. 종묘와 사직에 제사를 올릴 때나 중국 칙사(임금의 명령을 전달하는 사신)를 대접할 때, 왕위에 오르는 즉위식과 결혼하는 혼인식 때 입는 옷인데, 문양은 화려해도 색은 어둡고 짙은 검정 위주였어."

고모는 책을 꺼내 대례복을 입은 왕의 모습을 보여 주었어.

"지금도 검정으로 높은 지위나 힘을 나타내는 건 마찬가지야. 지위가 높은 사람이나 법관, 성직자들이 대부분 검은 옷을 입고 있잖아."

"검은 옷을 입은 어른들을 보면 괜히 무서워."

초롱이 말에 고모가 고개를 저었어.

"그러지 않아도 돼. 진짜 강한 힘은 약한 사람을 보호하는 힘이거든. 초롱이가 딴 검은 띠도 그런 의미가 있는 거야."

갑자기 하늘이가 자리에서 벌떡 일어나 태권도 품새 흉내를 냈어.

"야잇! 누나만큼 크면 나도 검은 띠 문제없어!"

"하하! 그래, 물론이지. 옛날에는 있잖아, 우물을 새로 만들면 우물 바닥에 검은 숯을 채워 넣었어."

어둡고 짙은 색의 왕실 의상. 엄격한 법도와 권위를 드러낸다.

"숯을? 왜?"

"숯이 나쁜 걸 걸러 주는 효과가 뛰어나서 그랬지. 간장을 담글 때도 꼭 숯을 띄웠어. 간장독을 들여다보면 까만 간장 위에 간장보다 더 새까만 숯이 동동 떠 있었단다."

"웩! 그러면 그 시커먼 숯가루 물로 음식도 만든단 말이야?"

하늘이가 얼굴을 찡그리자, 고모가 손을 내저었지.

"아니야, 숯은 아주 깨끗한 거야. 물맛 좋아지고 간장 맛도 변하지 않게 해 주고, 나쁜 곰팡이 생기지 말라고 숯을 넣는 건데, 그건 요즘 과학으로도 입증된 사실이야. 가습기 대신 방에 놓아 둘 수도 있어. 나쁜 냄새를 없앨 때도 쓰지만, 습도 조절 효과도 뛰어나거든."

"놀라워! 숯이 새까매서 지저분한 건 줄 알았더니! 근데 옛날에는 요즘 같은 과학 실험 도구도 없었는데, 숯이 그런 효과가 있다는 걸 어떻게 알았을까?"

초롱이가 감탄하며 중얼거렸어.

"그래서 옛 어른들이 지혜로운 거지. 오랜 경험에서 그런 원리를 다 깨우치신 거니까."

"헤헤. 근데 누나는 학교 과학부면서 그런 것도 몰랐대요."

"야! 이거랑 그거랑 같냐? 조상님들이야 직접 살면서 해 보다가 깨우친 거라잖아."

초롱이가 하늘이에게 눈을 흘겼어. 고모가 하하 웃으며 말리는 시늉을 했어.

전통 예복과 오방색

"왕이 중요한 행사를 치를 때는 검은 대례복을 입지? 평소 국정을 볼 때는 빨간 옷을 입고. 이처럼 우리 조상들은 옷을 입을 때, 그 색깔이 담고 있는 의미를 생각하면서 입었어. 대례복은 권위를 상징하고, 곤룡포는 태양처럼 강한 기운을 뜻한 거야. 자, 조상들이 입었던 전통 예복에서 오방색을 한번 찾아볼까?"

❀ 아기가 태어나면 돌이 되기 전까지 신성한 기운을 받으라고 흰옷을 입혔대.

❀ 돌 잔칫날에는 오행을 갖춘 색동저고리를 입혔지. 아기가 건강하게 오래도록 잘살고 복을 많이 누리라고 비는 마음을 담아서 말이야.

❀ 설날 아이들이 입는 설빔인 색동저고리(까치저고리)는 오색으로 색을 섞은 온 우주를 뜻해. 한 해의 나쁜 기운을 물리치고 아이의 복을 빈다는 바람을 담았지.

❀ 빨강과 파랑이 뜻하는 음과 양이 조화를 이루어 지어진 옷이 많았어. 여자들은 대부분 붉은색 치마를 입으면 저고리는 푸른색을 입었어. 푸른색 치마를 입으면 저고리는 붉은색을 입었지. 음양의 기운이 조화를 이루란 뜻에서였지.

❀ 검정은 일상복에 자주 사용되지 않았어. 남자 어른들이 외출할 때 쓰는 갓처럼 대개 권위를 나타내는 색이거든. 왕실에서도 아주 특별한 행사가 있을 때 짙고 어두운 대례복을 입었지.

❀ 조선 시대 왕은 평소에 곤룡포를 입었어. 곤룡포는 가슴에 금실로 용을 수놓아 사모(비단 모자)와 같이 입었어. 붉은 곤룡포는 강력한 왕의 기운을 상징하지.

70

7장. 다섯 색깔이 서로서로

검정 이야기를 끝으로 고모가 다섯 색깔 이야기를 마쳤어. 아쉬워하는 초롱이와 하늘이를 보고 고모가 웃으며 말했어.
"얘들아, 아직 이야기가 안 끝났어. 잘 기억해 둘 게 있거든. 이 다섯 색깔이 나타내는 오행의 기운들은 서로 돕기도 하고, 서로 다투기도 한다는 사실!"
"정말? 어떻게 돕고 어떻게 다투는데?"
"응. 나무는 불을 돕고, 불은 흙을 돕고."
초롱이가 고모 말을 따라 했어.
"나무는 불을 돕고, 불은 흙을 돕고."
고모가 웃으며 다음 말을 이었고.
"흙은 쇠를 돕고, 쇠는 물을 돕고."
하늘이도 따라 말했어.

"흙은 쇠를 돕고, 쇠는 물을 돕고."

"물은 나무를 돕지."

"물은 나무를 돕지."

"이렇게 서로 돕는 기운 사이를 상생 관계라고 해. 나무가 있어야 불이 잘 타고, 불이 있어야 흙이 그릇이든 뭐든 쓸모 있는 무엇이 되지. 흙에서 바위가 생겨나고, 바위 사이에 물이 흘러 땅을 촉촉하게 해. 물이 있어야 나무가 살 수 있는 건 당연하고."

"그럼 다투는 사이는?"

초롱이가 눈을 반짝거리며 묻자, 고모도 신이 났어.

"나무는 흙 기운을 빼앗고, 흙은 물을 막고."

"나무는 흙 기운을 빼앗고, 흙은 물을 막고."

이번에는 초롱이, 하늘이가 한꺼번에 따라 했어.

"물은 불을 막고, 불은 쇠

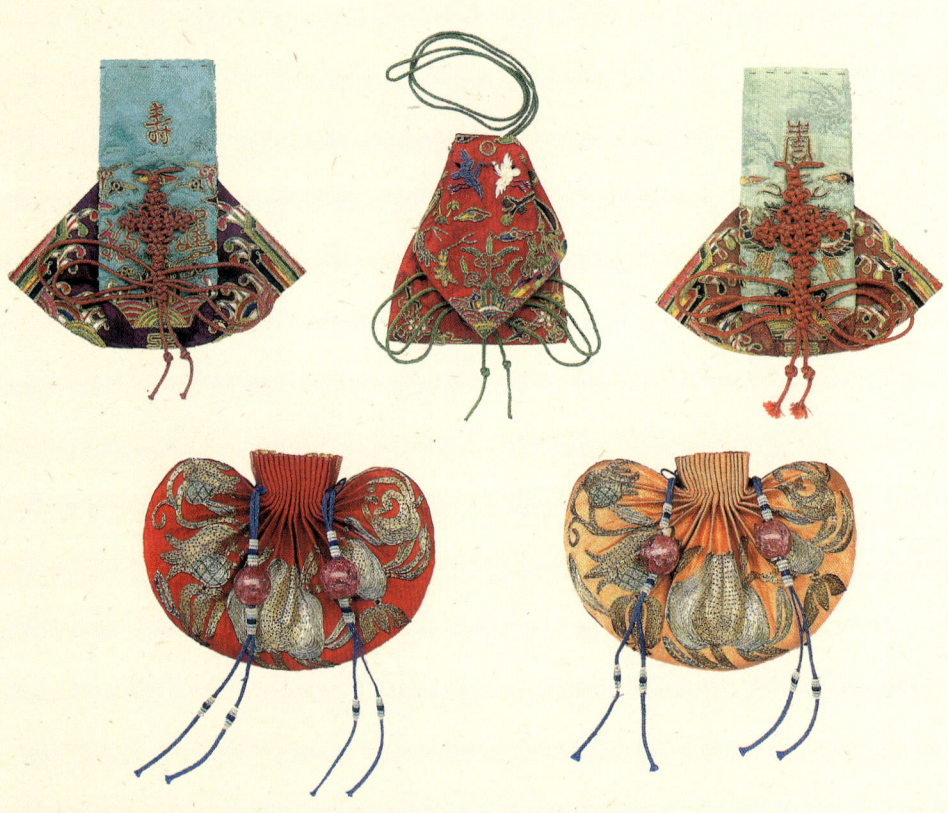

알록달록 아름다운 영친왕비의 주머니. 다채로운 색의 어울림이 눈길을 끈다.

를 녹이고, 쇠는 나무를 해치지. 그러니 서로 다툴 수밖에."

"물은 불을 막고, 불은 쇠를 녹이고, 쇠는 나무를 해친다……."

초롱이, 하늘이가 고개를 끄덕이며 고모 말을 따라 읊조렸어.

"이건 상극 관계라고 해. 상극 관계는 조금만 생각해 보면 금방 알 수 있어. 불이 나면 물로 끄잖아. 물난리가 나려고 하면 흙으로 둑을 쌓고."

고모가 계속 말을 이었어.

"그런데 서로 돕는다고 상생 관계는 좋고, 다툰다고 상극 관계는 나쁘다고 생각하면 안 돼. 음과 양에 좋고 나쁨이 없듯 상생과 상극도 같아. 상생과 상극은 오행의 균형을 유지하는 관계야. 특히 상극은 오행 중 하나의 기운이 지나치게 강할 때 적절하게 조절해 주는 역할을 해."

"그렇구나. 그럼 오방색도 상생과 상극 관계에 따라 쓴 거야?"

"응, 서로 도움이 되는 색은 같이 써서 더 좋은 뜻을 살리고, 서로 상극인 색으로는 균형을 유지하지. 오행의 관계에 따라 다섯 색깔이 서로서로 영향을 주고받으며 쓰이는 거야."

초롱이가 고개를 끄덕거렸어.

"고모, 그런데 옛날에도 세상에 오방색, 이 다섯 가지 색깔만 있었던 건 아니지 않아?"

"당연하지. 오방색 사이에는 간색이라고 해서 사이색들이 또 들어 있어. 파랑과 노랑 사이에는 녹색, 파랑과 하양 사이에는 벽색(碧色, 짙은 푸른색), 빨강과 하양 사이에는 홍(紅)색, 검정과 빨강 사이에는 자(紫)색, 검정과 노랑 사이에는 유황(騮黃)색, 이렇게 말이야. 다른 예쁜 색들도 알려 줄까? 진달래색도 있고, 개나리색도 있고, 호박색도 있고……. 붓글씨 쓸 때 쓰는 먹의 먹색도 있지. 검정 대신 먹색이라는 말도 쓸 수 있는 거야. 어때?"

"새로 안 거 정말 많다. 친구들한테 이거 어떻게 다 자랑하지?"

"찬찬히 설명해 줘. 오방색은 단순히 색깔만을 나타낸 게 아니었어. 동짓날 팥죽을 쑤어 먹는 일만 해도, 긴 겨울을 보내기 전에 영양을 듬뿍 보충하려고 한 뜻도 있었던 거야. 팥에는 단백질과 비타민 같은 영양분이 풍부하니까 말이야."

"그렇구나!"

"갓 태어난 아기에게 백일 동안 흰옷을 입힌 것도 아직 면역력이 부족한 아기를 순하고 깨끗한 천으로 보호하려고 한 까닭도 있었어. 이렇게 차근차근 살펴보면 오방색은 오랫동안 내려온 생활의 지혜라고도 할 수 있지. 그냥 우리 전통 색깔이라고 단순하게만 정리하기에는 아쉬울 정도로 말이야."

"맞아. 오방색 이야기 들으면서 우리 민화도 알게 되고, 조선 왕 옷이랑 고려청자, 조선백자도 알게 됐잖아."

"건국 신화 이야기도 있어!"

초롱이 말에 하늘이도 한마디 거들었어.

"그래. 오방색 문화는 의식주 생활은 물론이고, 예술, 놀이 등 전통문화 통틀어 골고루 다 퍼져 있어. 그러니 오방색을 아는 건 곧 우리 전통문화를 알게 되는 일이지."

"이제 오방색을 샅샅이 찾아볼 거야!"

"나도, 나도!"

야무지게 다짐하는 초롱이와 그 옆에서 손을 번쩍 치켜드는 하늘이를 보며 고모는 활짝 웃었어.

봄이의 첫 생일날

드디어 기다리고 기다리던 봄이 돌날이야.
"준비 마치려면 아직 멀었냐?"
아빠가 거실에서 초롱이와 하늘이를 재촉했어.
"아니오! 다 됐어요!"
초롱이와 하늘이는 후다닥 방에서 뛰어나왔어. 엄마와 고모도 곱게 차려입고 방에서 나왔지. 초롱이와 하늘이는 한껏 들떠 차 안에서 내내 재잘거렸어. 작은아빠네 집에서는 맛있는 냄새가 솔솔 풍겼어. 이야! 색색 고운 돌잔치 음식들이 벌써 정성스레 차려져 있네!
"여어! 이거 아주 정성이 듬뿍 든 돌잔치 상이네."
"어머! 어서 오세요!"
집 안으로 들어서며 어른들이 인사를 주고받는 동안 하늘이는 코부터 킁킁거렸어.
"으아, 갈비찜이다!"
"야아! 봄이한테 축하 인사부터 해야지."
초롱이는 하늘이 팔을 잡아끌며 작은아빠 품에 안겨 있는 봄이에게로 반갑게 달려갔어.

돌을 맞은 아이의 허리에 두르는 돌띠. 장수를 기원하는 뜻에서 한 바퀴를 돌려 맬 수 있게 길게 만들었다.

"봄이야! 생일 축하해!"
초롱이는 마구 뽀뽀하는 시늉을 했지.
"까꿍, 까꿍! 히히. 봄이 너 그 옷 갑갑하지? 그래도 참아."
색동 한복을 입고 있는 봄이에게 하늘이도 한마디 건넸어.
"아이, 귀여워. 우리 봄이 어쩜 이렇게 귀여울까?"
"우리 봄이 정말 많이 컸지? 봄아, 고맙다!"
작은아빠도 그새 봄이가 얼마나 무럭무럭 잘 자랐는지 자랑하느라 수다쟁이가 다 되어 버렸어. 모두들 즐겁게 이야기꽃을 피우느라 아주 시끌벅적이야.
"자, 오늘 백설기랑 수수팥떡도 많이 준비했어요. 우리 봄이 앞으로도 건강하게 잘 자라도록 많이 빌어 주세요! 음식들 식기 전에 드시고요."
작은엄마가 음식을 권하며 감사 인사를 했어. 하늘이가 음식상 앞으로 쪼르르 다가갔다가 탄성을 질렀어.
"우와! 여기 오방색이 다 있어. 누나! 이리 좀 와 봐!"
초롱이도 하늘이 곁으로 다가가 가까이에서 돌상을 살펴보았지.

"정말! 하얀 백설기랑 붉은 수수팥떡이랑 오색 송편이랑 오색 종이랑 까만 벼루랑 하얀 무명실이랑……. 고모, 진짜 신기해!"
"후후. 그러니까 우리가 이야기했던 오방색 생각하면서 맛있게 먹자!"
"넵!"

씩씩한 하늘이 대답에 모두들 웃음을 터뜨렸어.

초롱이는 돌상을 둘러보며 고모가 해 주었던 이야기들을 잠시 떠올렸어. 오방색을 알고 나니 예전부터 보아 왔던 음식들도 새롭게 느껴졌어. 초롱이는 수저를 들며 마음속으로 축복을 빌었어.

'봄이야. 첫 생일 축하해! 건강하게 잘 자라라. 네가 이 세상에 온 걸 우리 모두 정말 기쁘게 생각해.'

신기하고 재미있는 색깔 이야기

웨딩드레스는 원래 노란색!

결혼식 주인공인 신부가 입는 순백색의 웨딩드레스! 그런데 웨딩드레스가 처음에는 하얀색이 아니었대요. 원래 주로 노란색이었다는데, 잘 안 믿기지요? 웨딩드레스의 기원은 기원전 4세기 무렵의 그리스와 로마 시대까지 거슬러 올라가요. 그 무렵 신부들은 노랗게 물들인 아마 의상을 입고 같은 색 베일을 썼다고 해요.

웨딩드레스 색에 변화가 나타난 것은 16세기 무렵이에요. 신부의 순결을 나타내는 색으로 하양이 좋지 않겠냐고 해서 서서히 변화가 생겼고, 18세기 말이 되면서 흰색 웨딩드레스가 자연스레 퍼졌다고 해요. 노란색 웨딩드레스를 입은 신부라…. 오늘날 결혼식 풍경과는 아주 거리가 멀지요?

인도의 신분제는 색으로 표현되었다

인도는 아주 엄격한 신분제로 유지되는 사회였어요. 브라만(사제)-크샤트리아(왕족이나 무사)-바이샤(농민, 목축민, 상인 등)-수드라(원주민 노예)라는 네 계급으로 이루어진 카스트 제도가 아주 강력했지요. 결혼은 물론이고, 밥을 먹을 때도 신분이 다른 계급은 같은 자리에 앉을 수 없었다고 해요. 계급에 따라 상징하는 색도 달랐대요. 브라만은 하양, 크샤트리아는 빨강, 바이샤는 노랑, 수드라는 검정으로 철저하게 계급을 드러냈대요. 우리나라 조선 시대에도 신분에 따라 쓸 수 있는 색이 달랐다고 하니 전혀 다른 문화처럼 느껴지지는 않지요? 좋아하는 색이 있어도 신분 때문에 마음대로 쓸 수 없었다니, 어쩐지 좀 씁쓸하게 느껴진다고요?

중국 사람들은 빨강을 좋아해

중국에서 빨간색은 경사스러운 일을 뜻하는 색으로 주로 쓰인대요. 중국에서는 결혼식 초대장은 물론이고, 축의금

봉투까지 빨갛다고 해요. 빨간색 바탕에 금색 문자나 금색 용 등 강렬한 색을 섞은 색도 많이 써요. 그렇다고 중국 사람들이 날마다 빨강이나 금색의 세계에 살고 있는 것은 아니에요. 아주 특별한 날, 축하할 일이 있을 때 빨간색을 쓰는 거지요. 그렇다면 중국에서 슬픔은 어떤 색으로 표현할까요? 중국 사람들은 하얀색을 슬픔을 나타내는 색으로 믿는대요. 그래서 하얀색이 별로 인기가 없는 편이래요.

귀족의 피는 파랗다?

영어로 'blue blood'는 귀족이나 명문의 혈통이라는 뜻이에요. 중세 시대에 파란색을 귀족과 연결시켰던 문화에서 비롯된 표현이래요. 중세 이슬람 세력과 싸우던 카스티야 왕국 사람들은 혈통이나 연대 의식이 아주 강한 편이었다고 해요. 이슬람 사람들과 구별되는 자신들의 하얀 피부와 투명하게 비치는 파란 혈관을 자랑스럽게 여겼다는데, 그래서 더더욱 '파란 피'를 강조했다고 해요. 외계인도 아닌 사람의 파란 피라니, 어쩐지 좀 으스스하지 않나요?

오륜기의 색깔과 오방색은 무슨 관계?

빨강, 검정, 파랑, 노랑, 녹색을 사용해 다섯 대륙을 표현한 올림픽 오륜기. 오방색에서 비롯된 조합 아니냐고요? 땡! 오방색의 다섯 색깔을 다시 확인해 보세요. 하하! 오륜기의 다섯 가지 색은 다섯 대륙을 표현하는 색이에요. 그런데 특정한 대륙을 나타내지는 않는다고 하네요. 다섯 원이 연결된 모양을 잘 보세요. '세계'를 뜻하는 '월드World'의 첫 글자인 '더블유'가 보이나요? 오륜기와 오방색은 착시 효과를 느끼게 할 뿐, 서로 관계가 없답니다.

스테인드글라스의 무지개가 담은 뜻

화려한 색 유리로 만들어진 스테인드글라스! 이걸 통해 어두컴컴한 교회나 성당 안을 비추는 빛은 무지개가 쏟아지는 듯 신비롭죠. 스테인드글라스는 14세기 이후 기독교 교회 건축과 함께 발전해 왔어요. 계절과 시간, 날씨에 따라 미묘하게 달라지는 빛! 교회 안에서 스테인드글라스가 만들어 내는 무지개는 특별한 의미라도 있는 걸까요? 놀랍게도 그렇대요! 완전무결의 상징이자 신의 용서와 자비를 뜻하는 종교적인 뜻을 담고 있다고 해요.

82

〈오방색이 뭐예요?〉 참고문헌

단행본
구비문학과 인접학문, 한국구비문학회, 박이정, 2002
단청, 임영주, 대원사, 1991
무량수전 배흘림기둥에 기대서서, 최순우, 학고재, 1994
민화 이야기, 윤열수, 디자인하우스, 2011
백제금동대향로, 서정록, 학고재, 2001
삼국유사, 일연, 을유문화사, 2002
상상의 동물원, 김진경, 문학동네, 2001
색채의 이해와 활용, 문은배, 안그라픽스, 2005
왜 우리 신화인가, 김재용.이종주, 동아시아, 2004
우리 문화 길라잡이, 국립국어연구원, 학고재, 2002
우리 신화의 수수께끼, 조현설, 한겨레출판, 2006
유물 속의 동물 상징 이야기, 박영수, 내일아침, 2005
전통 문양, 허균, 대원사, 2010
전통색, 오행과 오방을 내려놓다, 금동원, 연두와파랑, 2012
주강현의 우리 문화, 주강현, 아이세움, 2002
풀어 쓴 한국의 신화, 장주근, 집문당, 2000
하룻밤에 읽는 색의 문화사, 21세기 연구회, 예담, 2004
한 권으로 보는 한국미술사 101장면, 임두빈, 가람기획, 1998
한국 민족의 기원과 형성·하, 조흥윤.김열규.김택규.성백인, 소화, 1996
한국미술사 속에는 한국 미술이 있다, 박우찬, 재원, 2000
한국미의 탐구, 김원룡, 열화당, 1978
한국의 멋 맛 소리, 최성자, 혜안, 1995
한국의 신화, 서대석, 집문당, 2004
한국의 전통색, 문은배, 안그라픽스, 2012
환경, 건축 그리고 색, 장 필립 랑클로, 미진사, 2009
황제내경, 황제, 책세상, 2004
The Color 세계를 물들인 색, 안느 바리숑, EJONG(이종문화사), 2012

총서
민속 학술 자료 총서 1-5(무속음양오행), 도서출판 우리마당 터, 2004
한국문화 상징사전 1·2, 한국문화상징사전편찬위원회, 두산동아, 1994

도록
고려불화대전, 국립중앙박물관, 2010
한국민예미술, 국립중앙박물관, 1975
한국의 미-회화로서의 민화,박용숙,계간미술. 중앙일보사, 2004

논문
고구려 고분벽화와 조선조 민화에 있어서의 사신도 비교연구, 박수전, 부산대학교 대학원 석사학위논문, 1992
선호색 분석을 통한 한국인의 색채감성연구, 배한나, 서울대학교 대학원 석사학위논문, 2004
오방색의 상징적 의미에 관한 연구, 문명선, 안동대학교 교육대학원 석사학위논문, 2006
한국 색채문화의 사회미학적 연구, 박현일, 원광대학교 대학원 박사학위논문, 2004
한국의 전통적 미의식과 오방색의 관계연구 – 조선시대를 중심으로, 이인숙, 경희대학교 교육대학원 석사학위논문, 2002
한국인의 색채의식 및 색채교육 연구 : 전통색채를 중심으로, 박명원, 성균관대학교 대학원 박사학위논문, 2001
한국인의 색채표현 연구, 김수영, 계명대학교 교육대학원 석사학위논문, 2004
한국인이 선호하는 청색에 관한 연구 – 생활문화적 측면을 중심으로, 박재연, 홍익대학교 산업대학원 석사학위논문, 2006
한국적 색채 치료 조망에 관한 연구 – 현대 한국인의 빨강색에 대한 의식도 조사를 중심으로, 류은주, 건국대학교 디자인대학원 석사학위논문, 2006
한국화에 내재된 오방색의 정신적 미의식에 관한 고찰, 홍혜림, 원광대학교 대학원 석사학위논문, 2005

사진 자료 도움
국립고궁박물관
국립민속박물관
국립중앙박물관

글 · 임어진

성균관대학교에서 한국 철학을 공부하고, 한겨레아동문학작가학교에서 동화를 배웠어요. 월간 '어린이문학'에 〈네 방망이 찾으러 오렴〉을 발표하며 아동 문학 작가의 길로 들어서서, 지금도 재미있게 이야기와 만나고 있어요.
'샘터상'과 '웅진주니어 문학상' 대상을 받았고, 동화 《이야기 도둑》, 《또도령 업고 세 고개》, 《귀신이 곡할 집》(함께 씀), 《보리밭 두 동무》, 《사라진 악보》, 《이야기 하나 주면 안 잡아먹지》, 《델타의 아이들》, 《설문대 할망》, 그림책 《도깨비 잔치》, 《손 없는 색시》, 인물 이야기 《말과 글은 우리 얼굴이야》, 청소년 연작소설집 《가족입니까》(함께 씀) 등을 썼어요.

그림 · 신민재

홍익대학교와 같은 학교 대학원에서 회화와 디자인을 공부하고 광고 회사와 방송국에서 영상 작업을 했어요. 연필과 종이만 있으면 언제 어디서나 끄적거리며 어린이 그림책에 푹 빠져 살고 있지요. 《또 잘못 뽑은 반장》, 《얘들아, 학교가자》, 《눈다래끼 팔아요》, 《처음 가진 열쇠》, 《어미 개》, 《나에는 꿈이 있습니다.》, 《가을이네 장 담그기》 등 여러 책에 그림을 그렸습니다.

추천 · 감수 문은배

서울대학교 응용미술학과와 서울대학교 환경대학원을 졸업했습니다. 《한국의 전통색》 《색채 디자인 교과서》 《색채의 이해와 활용》 등 20여 권의 책을 쓰고, 우리말로 옮겼습니다. 현재 문은배색채디자인연구소를 운영하며 색채 전문 연구를 수행하고 있습니다. 서울대학교와 홍익대학교에서 색채 강의를 해 왔으며, 청운대학교에서 교수로 재직하고 있습니다.